VOS DÉPUTÉS

ET

LEURS VOTES

PAR

L. HERBETTE

Avocat à la Cour de Paris

Prix : 40 centimes

PARIS

ARMAND LE CHEVALIER, ÉDITEUR

RUE DE RICHELIEU, 61

1869

VOS DÉPUTÉS

ET

LEURS VOTES.

INTRODUCTION.

Électeurs,

Vos députés ont fini leur temps.

Forcés de vous rapporter les pouvoirs qu'ils avaient reçus de vous pour six ans, en 1863, c'est pour six ans qu'ils les sollicitent encore de vous, en 1869. Avant d'être sortis de la Chambre, ils manœuvrent pour y rentrer.

Mais vous, avant de renouveler bail avec eux, ne vous demanderez-vous pas comment ils ont tenu la place où vous les aviez mis, et quelles garanties leur passé vous donne pour l'avenir? Songez que ce bail fait, vous ne pourrez le résilier; et songez que pour cette place les postulants ne manquent pas. Vous ne pourrez avoir que l'embarras du choix.

Qu'est-ce qu'un député?

C'est l'homme que ses concitoyens ont élu

pour veiller, en leur nom, sur les intérêts communs. Car tous les citoyens ne peuvent se consacrer aux affaires de tous ; et la plupart manquent des loisirs ou des connaissances nécessaires pour cette besogne.

Ainsi, vos députés sont vos *hommes d'affaires publiques*.

A eux de défendre et d'exercer vos droits ; à eux de discuter les impôts ; de voter les lois ; de contrôler les dépenses ; de surveiller l'administration, d'interroger l'Empereur, gérant actuel et responsable de la société française.

Ils sont maîtres du budget et du contingent militaire ; maîtres de la guerre et de la paix ; maîtres de la politique et de l'honneur de la France ; ils sont maîtres de vos maîtres les préfets et les ministres. Représentants de la nation, seule souveraine, ils sont plus souverains que l'Empereur.

Par vous, votre élu peut donc tout, et sa voix vaut des milliers de voix ; mais il ne peut rien et ne vaut rien que par vous et par votre choix. Dès lors, comment s'étonner que l'administration veuille le choisir pour vous, afin de vous dominer par lui ? Mais aussi comment admettre que vous le nommiez sans l'avoir choisi vous-mêmes ?

Quoi ! vous ne prendriez ni un ouvrier, ni un employé, ni un garçon de ferme, sans vous renseigner sur ce qu'il a fait, et sur ce qu'il sait faire ; fût-il recommandé par un personnage, et ne fût-il coupable que de négligence ou de pa resse, vous le casseriez aux gages; — et quand il s'agit de confier la clef de votre caisse et des caisses de l'État, le fruit de votre travail, la vie de vos enfants, le sort de votre patrie, vous prendriez un homme, sans autre raison que de plaire à M. le préfet, — ou à quelque autre!

Ce serait folie!

« Mais à qui nous fier, direz-vous?

« Nous entendons partout tant dire et contredire, par tout le monde et sur tous les candidats, que nous ne savons, pauvres gens, où donner de l'oreille. Qui croire, et comment nous renseigner? »

— Renseignez-vous vous-mêmes.

— Mais nous n'avons sous la main ni les idées ni les actes de ces messieurs, pour en juger.

— Nous vous les apportons. »

Nous vous apportons, en quelques pages, les affaires les plus graves auxquelles ils se sont trouvés mêlés. Quant aux questions de moindre intérêt ou d'intérêt local, nous les omettons à dessein; car c'est à tous les citoyens que nous nous adressons.

« Mais qui nous montrera, dans ces actes de l'Assemblée qui s'en va, le rôle et la part de chaque député?

— Certains textes bien simples, et certaines preuves bien officielles; — je veux dire LES VOTES, dont nous vous présenterons le tableau.

Les opinions se discutent, et sont insaisissables comme la pensée ; les votes se constatent et se jugent brutalement, comme un fait.

« Le vote ! Songez donc que c'est tout ; et qu'à la Chambre la plus soumise le gouvernement le plus tyrannique ne demanderait rien de plus !

« Le vote, c'est l'absolution, l'encouragement, et le blanc-seing donnés par vos mandataires, pour tout ce qu'on voudra faire de vous !

« Le vote, c'est la loi, c'est la force, c'est l'argent à discrétion ! »

Électeurs, avant de voter pour vos députés, voyez comment ils ont voté pour vous.

Vous êtes leurs juges, et voici leur dossier : jugez.

LA PLUS GRANDE PENSÉE DU RÈGNE.

Vous rappelez-vous ce qu'on a qualifié ainsi ? — C'est la guerre lamentable du Mexique. — Et vous en rappelez-vous l'origine ? — Ce fut certaine affaire d'argent, et certaines créances qui vous ont coûté cher.

Cette grande pensée, vos députés l'ont vue éclore ; ils pouvaient l'étouffer dans son germe ; mais ils l'ont si bien nourrie, aidée, caressée, qu'elle nous a dévoré des milliers d'hommes et des centaines de millions.

Partie avec les troupes de l'Espagne et de l'Angleterre, « pour assurer par une action combinée, la protection efficace des personnes et des propriétés de leurs nationaux respectifs[1], » notre expédition changea tout à coup de but.

Arrivée de renforts; rupture des négociations; abandon de nos alliés; marche sur Mexico.

Et pourquoi?

Pour « régénérer un peuple, » — par le baptême du sang; pour « rendre à la race latine sa force et son prestige, » dans le Nouveau-Monde[2], — à coups de canon; pour mettre une barrière à l'expansion de la race Anglo-Saxonne, — à 3000 lieues de nous; pour amoindrir les États-Unis, — une nation amie, plongée dans la guerre civile; enfin, pour renverser une république, fonder un empire et faire un empereur.

Telle est la politique qui jette notre argent au delà des mers, et notre armée aux aventures.

Notre argent, notre armée, qui donc les a livrés, en dépit, au mépris de l'opinion publique? Qui? — Vos députés.

Dès 1864, quelques membres, *des opposants,*

1. Traité du 31 octobre 1861.
2. Lettre de l'Empereur au maréchal Forey.

proposèrent dans une adresse à l'Empereur, un amendement ainsi conçu :

« En applaudissant au courage et à l'héroïque persévérance de nos soldats, la France se préoccupe des proportions et de la durée de l'expédition du Mexique ;

« Elle désire vivement qu'une conclusion prochaine fasse cesser les sacrifices que cette expédition nous coûte et prévienne les complications politiques dont elle pourrait devenir l'occasion. »

Certes, l'avis était sage, et le langage modéré.

Si la Chambre l'adoptait, que de malheurs étaient prévenus ! il lui suffisait de voter Oui.

Elle vota NON[1].

Par ses promesses, par l'appât des gros intérêts, de la loterie et du jeu, le Gouvernement attire les épargnes et les capitaux français aux deux emprunts du Mexique.

Que fait la Chambre ? — Elle applaudit.

Et plus tard, la ruine venue, quand il faudra donner, sur la fortune de tous, l'aumône d'une indemnité aux souscripteurs trompés, que fera la Chambre ? — Elle applaudira, — et votera.

Mais qui payait alors, qui paye aujourd'hui, qui payera toujours ?

— Vous, si vous n'y mettez ordre.

---

1. [illegible] 1863.

En 1865, la République américaine, hors de péril, se tourne et s'indigne contre nous; de graves événements se préparent en Europe et réclament notre liberté d'action. Il est temps de rappeler nos troupes encore victorieuses.

L'opposition propose un amendement à l'adresse.

Que vote la Chambre? — NON. —

Bientôt, décimés par les maladies et une guerre implacable, nos soldats ne sont plus maîtres au Mexique que du sol qu'ils occupent; les Américains menacent; il faut abandonner nos alliés; il faut partir, et partir à la hâte.

L'empire tombe, l'empereur est fusillé, l'impératrice devient folle.

Notre orgueil est humilié, nos finances épuisées, notre nom maudit, — et les événements du Danemark et de l'Allemagne s'accomplissent.

Sur qui doit retomber le poids de tant de maux? — Sur le Gouvernement qui les a soulevés; — sur l'Assemblée qui ne les a pas détournés de nous, qui nous y a soumis.

Électeurs, remettrez-vous votre sort aux complices ou aux complaisants *de la plus grande pensée du règne?*

LA POLITIQUE DE VOS DÉPUTÉS.

Vos députés ont-ils une politique? — Non. Ils n'ont que celle du gouvernement, qu'ils ignorent, et qu'ils ont suivie partout les yeux fermés. Pas plus que vous ils ne savent où elle va, et beaucoup moins que vous ils cherchent où elle nous mène.

Cette politique, un jour, nous a menés en guerre pour la liberté de l'Italie; elle a poussé Victor-Emmanuel; elle a soufflé la révolution. Mais, à peine ébauchée par nous, l'Italie nous a vus tourner contre elle; et forcée de demander aide aux Prussiens, elle s'est achevée grâce à Sadowa. Aussitôt, dévorés d'inquiétude, nous affectons le rôle d'arbitres. C'est par nos mains que Venise passe à l'Italie, et nous félicitons nos voisins de leurs progrès vers l'unité, que nous avions entravée.

Dans ce dédale obscur de la politique impériale, vos députés ont-ils tenté de guider ou d'éclairer la France? Non. Ils ont fui la lumière ou l'ont étouffée. Forts de leur nombre, n'ont-ils pas repoussé chaque année les propositions et les efforts de ce groupe indépendant qu'on appelle l'opposition?

En 1867, les événements accomplis, lorsqu'une inoffensive interpellation s'offrait sur les affaires extérie res, qu'ont-ils voté? — L'ordre du jour.

En 1868, — l'ordre du jour.

En 1869, — l'ordre du jour.

L'ordre du jour, cela répond à tout; c'est le silence.

Dans cette question romaine pour laquelle ils affectent tant de sollicitude, ont-ils fait acte de volonté virile? Ont-ils forcé du moins les volontés de vos gouvernants à se montrer au grand jour, et jusqu'au fond? Non.

Vos gouvernants ont pu, sans explication, laisser entamer le domaine de saint Pierre, puis en arracher les restes à l'Italie; refuser la convention de septembre, puis l'accepter; retirer nos soldats de Rome, puis les y ramener, et parler de les retirer encore. Leurs mystérieux desseins n'ont trouvé qu'obéissance, docilité, au besoin même, enthousiasme.

Abandonnerons-nous le pape ou le maintiendrons-nous? Nul ne le sait; nul n'y peut rien. A quoi donc vous servent vos députés, qui devraient tout savoir et tout pouvoir?

C'est sous cette législature que s'est dessinée la question du Danemark et de l'Allemagne.

Jusqu'en 1863, nous restions d'accord avec

l'Angleterre et l'Autriche pour défendre le Danemark contre l'ambition prussienne.

Mais l'empereur, en ouvrant la session, s'écrie que « les traités de 1815 ont cessé d'exister ; » et nous voilà brouillés avec l'Angleterre, qui craint pour la Belgique, et avec l'Autriche, qui craint pour Venise.

M. de Bismark en profite et le Danemark est démembré (juillet 1864).

Que fait le Corps législatif?

Rien.

Le premier pas est fait, et les Prussiens cheminent à leur but, sûrs de la neutralité française et de la bienveillance impériale.

D'un geste le gouvernement les arrêtait ; et d'un vote, la Chambre leur donnait à songer, et donnait à songer au gouvernement. Mais la Chambre se tait.

A la veille de la lutte, le gouvernement promet son inaction à la Prusse, et tandis qu'il rêve la mission d'arbitre et une Allemagne en trois morceaux, l'Autriche est abattue, la Confération succombe, l'équilibre européen est rompu.

L'*Empire germanique* est fait, et la France reste dans *l'angoisse*.

Elle n'a pu se rassurer encore en 1869 ; de qui peut tout, elle craint tout.

Et vos députés?

En 1866, à l'heure critique, qu'ont-ils fait?

Ils ont paraphrasé, dans leur adresse, le discours du trône.

Ne vous prononcerez-vous pas? leur crient vingt d'entre eux.

Non, répondent 218 voix.

« De graves fautes ont été commises; » reprennent en 1867 les auteurs d'une interpellation. — « Ne, les reconnaîtrez-vous pas? Que craignez-vous? Tout est fini. Donnez du moins un avis au pouvoir! »

44 OUI; 2:5 NON. (18 mars 1867.)

Nouvelle interpellation en 1868. 23 voix la soutiennent; 229 voix l'étouffent.

Fiez-vous donc à vos députés pour veiller sur la politique!

L'IMPOT DU SANG.

Notre politique et les événements qu'elle a si galamment aidés en Allemagne, ne nous ont valu ni la Belgique, ni le Rhin, ni les compensations, ni les rectifications de frontières qu'espéraient certains rêveurs; ni même le Luxembourg, que nous offrions pourtant de payer à beaux deniers comptants. — Ils nous ont valu la loi militaire de 1868.

La conséquence est logique. A l'Allemagne militaire la France ne doit-elle pas faire équilibre et pendant?

Quels sont les effets de cette loi?

Les Etats-Unis, pour une guerre civile, ont mis sur pied 1 500 000 hommes. Aujourd'hui, leur armée n'en compte plus 25 000.

Au 1er décembre 1868, pour s'assurer 1 028 980 combattants en cas de péril suprême, la France avait en armée active, 448 711 hommes; — en réserve, 198 546 hommes; — en garde nationale mobile, 381 723 (Livre bleu de 1869). Comparez les charges.

Avant la loi de 1868, la durée du service était en France de sept ans, soit dans l'armée active soit dans la réserve. Elle est de neuf, aujourd'hui; cinq dans l'armée active, et quatre dans la réserve.

Avant la loi de 1868, on était affranchi du service par exonération ou par un bon numéro. Aujourd'hui, il n'y a plus d'exonération et il n'y a plus de bons numéros. Les moins mauvais numéros envoient pour cinq ans dans la garde nationale mobile: et le remplacement a le même effet; — car le riche peut encore se racheter.

La loi nouvelle est rétroactive. Elle reprend les jeunes gens qui se trouvaient libérés avant qu'elle existât.

Par cette loi, le nombre des soldats est doublé; la réserve est rappelée, et l'armée tout entière mise en campagne sur simple décret de l'Empereur, et sans que les Chambres en aient avis. Le pied de guerre devient l'état normal.

Par cette loi, ce n'est pas la nation qui s'arme; c'est l'armée qui absorbe la nation.

Vous tous, citoyens, qui vivez et qui faites vivre la France de votre travail et de votre industrie, vous qui n'êtes pas assez riches pour vous racheter à vingt ans, ou pour racheter vos fils de neuf années d'oisiveté, de contrainte et de dangers, trouvez-vous que l'impôt du sang pèse assez lourdement sur vous?

Or, de ces trois centaines d'hommes qui vous représentent, savez-vous combien l'ont trouvé trop lourd, et l'ont repoussé?

Soixante, seulement soixante!

Nous vous donnons leurs noms, — et ceux des autres.

Combien vous enlève-t-on ainsi par an de vos enfants et de vos frères? Un nombre rond: 100 000.

100 000 têtes, n'est-ce pas une belle rente annuelle?

100 000 têtes, c'est le minimum du contingent depuis 1857. A votre gouvernement, à vos députés, il faut 100 000 têtes; c'est leur bas mot. Pour la gloire qu'ils donnent à la France ils ne peuvent faire à moins. Pas de rabais, pas de quartier! Ils ne vous feront pas grâce d'un homme.

Chaque année l'opposition, cette bête venimeuse, cette bête noire des ministres et de la majorité, lutte et s'acharne pour leur arracher un lambeau de leur proie.

Rendez-nous seulement 20 000 hommes, dit-elle; 20 000 hommes que vous laisserez à leurs foyers. Il vous en restera 80 000.

— Non! — Et voilà 100 000 hommes d'expédiés; 100 000 hommes de moins pour le travail, pour le mariage, pour la famille, pour l'agriculture, pour l'industrie, pour le commerce.

Mon Dieu! je vous le demande, pourquoi tant de bruit pour une différence, pour un méchant appoint de 20 000 conscrits? Et que sont-ils ces conscrits? Des hommes du peuple, des gens de rien. A coup sûr, vous n'y verrez jamais les fils de ces messieurs, qui ont de quoi se payer chacun son homme; à moins qu'ils ne suivent, par plaisir ou par métier, ce qui se nommera pour eux la carrière des armes. Mais alors ils seront officiers.

A quoi bon revenir sur tant de votes? Citons seulement le dernier, celui de 1869.

Diminuerons-nous le contingent de 20 000 hommes?

Non. (195 voix contre 24.)

Allez, pauvres *masses*, qui n'avez trouvé que deux douzaines de défenseurs parmi vos fidèles représentants; allez bonnes gens, taillables et corvéables à merci; va, chair à canon! vote donc pour tes députés.

LE COURONNEMENT DE L'ÉDIFICE.

Pour nos sacrifices et pour les désastres du gouvernement, il fallait bien nous concéder quelque dédommagement. On nous a concédé ce qui s'appelle, en auguste langage, *le couronnement de l'édifice.*

L'édifice, on le connaît assez. La première pierre en a été posée le 2 décembre ; et le tout a été pompeusement inauguré en 1852, par le couronnement de l'architecte. Mais du couronnement de l'édifice, nous devons dire quelques mots, car il s'est fait sous cette législature.

De 1852 à 1860, règne universel et absolu de l'administration et de l'arbitraire.

Dans la nation grondent « des murmures et des défiances. » (Discours du trône, 1859 et 1860.)

Mais les députés, qui sont pour la plupart aujourd'hui les mêmes, se déclarent satisfaits.

Tout est bien, dit le Gouvernement ; tout est bien, répond la Chambre.

C'est le bon temps.

Le 24 novembre 1860, coup de théâtre: L'Empereur déclare que « l'absence de publicité et de contrôle nuit à son gouvernement ; » et que les Adresses des Chambres ne sont que « de simples paraphrases de ses discours. »

Il rend à la presse la publication des débats législatifs ; à l'Assemblée, le droit d'amendement et la discussion de la politique et de la situation de l'Empire.

Et maintenant, tout est parfait ! — Tout est parfait, répète la Chambre.

Elle l'a répété jusqu'en 1867.

En vain l'opposition, forte des paroles mêmes de l'Empereur : « je veux connaître l'opinion du pays par l'organe de ses députés, » prouvait que l'opinion ne peut se faire jour sans discussions sérieuses et contradictoires, sans l'affranchissement de la presse et sans la liberté de réunion. En vain, elle prêchait au Corps législatif, et pour lui-même, le droit d'interpellation ; en vain, elle demandait la présence, pour répondre, non pas de ministres sans portefeuilles et sans mandat spécial, comme en avait institué le décret de 1860 ; et non plus d'un ministre-avocat général de l'État et d'orateurs-substituts, comme en voulait le décret du 23 juin 1863 ; mais des véritables ministres, parlant chacun pour son département et pour soi.

Chaque année, tout échoua.

En 1866, parut l'amendement des 17 sur les libertés intérieures.

236 voix le repoussèrent.

Du moins, disait l'opposition, enlevez la presse au pouvoir discrétionnaire qui la dégrade et l'étouffe. Rendez-lui le droit commun, rendez-lui la justice, — si dure que celle-ci doive être. Si vous nous bâillonnez, que ce soit au nom d'une loi. Une loi, une loi quelconque!

En 1865 : Non. [182 voix.]

En 1866 : Non. [186 voix.]

En 1867 : Oui, — s'écria le gouvernement; oui, car tel est mon bon plaisir.

Et le 19 janvier éclata.

Ce fut un coup de foudre. Les députés apprirent, par lettre impériale, que l'édifice de leurs rêves n'avait pas de couronnement, et qu'il était urgent d'en faire un. — Changement à vue.

On supprime l'Adresse, dont on avait fait tant d'éloges ; on reconnaît le droit d'interpellation, dont on avait tant médit. On envoie à la Chambre tous les ministres avec leurs portefeuilles, mais chacun par *délégation spéciale*, — ce qui nous sauve, pour la forme, du *parlementarisme*. Enfin, l'on promet une loi sur les réunions et sur la presse.

Pendant quinze ans la Chambre n'avait manifesté que de l'horreur pour un pareil système ; en quinze jours, il lui inspira du zèle.

Cette fois, conclut le gouvernement, n'attendez plus rien ; tout est consommé.

Tout est consommé, repartit l'écho.

Mais l'opposition est ingrate.

Pourquoi, dit elle, nous avoir repris l'Adresse, comme on reprend un jouet à des enfants ? Donner ne crée pas le droit de reprendre, et vous n'aviez fait d'ailleurs que nous rendre notre dû. Nous voilà donc privés de répondre au chef de l'État, — et de lui transmettre les griefs et les vœux de la nation ?

Et ce droit d'interpellation, *sagement réglementé*, ne met-il pas les discussions à la merci d'une cabale ou du hasard, et les minorités à la merci de la majorité ? Une fraction, une moitié de la Chambre pourra comprimer l'autre ; et non-seulement faire la loi, mais faire le silence sur les questions les plus graves.

Persisterez-vous à dire que la France n'a rien à regretter, rien à désirer encore ?

Réponse : Oui ! en 1867. Oui ! en 1868. Oui ! en 1869.

Voilà donc le couronnement de notre édifice !

Vous, citoyens, trouvez-vous que le comble soit mis à vos institutions, à votre bonheur ?

Non ? — Ne vous livrez donc pas à des *satisfaits*.

VOS LIBERTÉS.

Je dis *vos libertés*, citoyens, bien que je n'en conçoive qu'une seule, toutes devant se tenir entre elles. Mais chez nous, on en compte de plusieurs sortes et à divers degrés : Libertés des théâtres, des communes, des candidatures, des échanges, du travail, du commerce, de la conscience, de la boucherie,... etc.... Que de libertés! Mieux vaudrait simplement, peut-être, un peu de la grande et pleine liberté, de la liberté libre: mais on l'a partagée en une multitude de petites, sans doute pour les manier et pour nous les mesurer plus commodément.

Vos libertés, donc, sont du nombre de ces belles choses, à quoi le pouvoir a pu toucher et peut toucher à sa guise, mais dont le *grand corps conservateur* est institué gardien, apparemment contre les citoyens.

En tout cas, si le Sénat les garde, c'est au Corps législatif de les assurer.

Comment l'a-t-il fait? Le sujet serait long.

Parlons seulement de la liberté individuelle, qui est le fondement de toutes les autres, et de la liberté de la parole et de la plume, qui en est la garantie. L'une doit venir la première dans toute société; l'autre est la dernière venue chez nous, car elle ne date, sous ce régime, que de 1868.

En 1858, la France a été frappée, pour l'attentat d'Orsini, des mesures suivantes :

Toute personne condamnée par un tribunal, pour rébellion contre l'autorité, pour offense à l'Empereur ou pour attaque à ses droits constitutionnels, pour délit contre la sûreté de la famille impériale ou de l'État, pour délit de rassemblement, et d'autres analogues, outre la peine ordinaire, le condamné sera, à la volonté du pouvoir, et sans recours à la justice, interné dans un département, interné en Algérie, ou exilé.

Cela s'appela *la loi de sûreté générale;* car cela fut voté comme loi par tous vos députés, sauf vingt-quatre.

Les mesures furent complétées par la création d'un ministère de la sûreté générale, donné à M. Espinasse, homme du 2 décembre.

Toute réflexion serait faible et inutile, même sur les transportations....

La *loi des suspects* fit merveille...

.... Cela dura tant qu'il plut au Gouvernement.

« Les pouvoirs accordés au Gouvernement, disait la loi, cesseront au 31 mars 1865, s'ils n'ont pas été renouvelés avant cette époque. »

Ainsi, la terreur des *mesures* nouvelles restait suspendue sur la France.

L'opposition ne cessa de se révolter contre

cette *législation* qui supprimait les tribunaux, le droit, la défense, et faisait le pouvoir à la fois partie, juge et bourreau.

La date fatale approchait.

Lors de l'adresse de 1864, les membres de la gauche tentèrent un dernier effort. « La loi de sûreté générale, disait leur amendement, et les lois d'exception qui l'entourent, détruisent la liberté individuelle. Nous en réclamons l'abrogation. »

Non! crièrent 200 voix. (21 janvier 1864.)

Qu'on se souvienne de ce vote. — Nous donnons les noms.

En 1869, par la grâce du Gouvernement, la loi n'est plus tout entière en vigueur. Mais reste en pleine vigueur cette ingénieuse invention du « délit d'intelligences ou de *manœuvres à l'intérieur* ou à l'extérieur, dans le but de troubler la paix publique ou d'exciter à la haine et au mépris du Gouvernement. »

Combien a servi cet habile délit, souple, insinuant, indéfinissable, qui se glisse partout, dans nos actes, dans nos écrits, dans nos paroles, dans nos intentions, dans nos pensées, qui pourrait nous frapper tous demain, si l'on voulait; qui frappe jusqu'à des souscriptions funéraires, et jusqu'à la statue d'un mort.

Que sert à l'opposition de faire campagne chaque année contre pareilles institutions. Elle vient d'échouer encore, le 21 avril?

Que lui sert aussi d'attaquer cet article 75 d'une Constitution morte, exhumé pour donner à tous les agents l'irresponsabilité, et à tous le droit de nous insulter, de nous arrêter, de nous séquestrer, de nous blesser impunément?

Quand l'opposition fait des discours et des propositions, c'est au pays et pour le pays, qui l'écoute ; la majorité est pis que sourde, elle ne veut pas entendre.

Et ces autres libertés, annoncées avec tant de fracas le 19 janvier, en quel état la Chambre les a-t-elle amenées à terme, en 1868?

Revenons au jury, disait la gauche, car la presse et la magistrature ne pourront que souffrir d'avoir affaire ensemble.

— Non ! — (199 voix contre 35.)

Ne frappez pas un citoyen de la dégradation électorale pour simple délit de presse.

— Si ! (168 voix contre 58.)

Laissez à tous les journaux la vente sur la voie publique. Égalité devant la loi.

— Non. (194 contre 32.)

Ne défendez pas la preuve des faits allégués contre un fonctionnaire, lorsqu'il se prétend diffamé. Il y va de l'intérêt public.

— Si. (193 contre 44.)

Que dire de cette autre loi qui soumet les

réunions publiques à mille entraves irritantes, au caprice du préfet et du ministre, à la surveillance et aux décisions souveraines d'un commissaire de police ; qui interdit les discussions politiques et pratiques ; qui écarte, par la menace de peines iniques, les hommes dont la science et l'expérience pouvaient faire l'éducation des assemblées : qui condamne fatalement nombre d'orateurs et de débats à se perdre en rêveries ou en querelles sociales et religieuses?

Ne semble-t-elle pas faite pour évoquer le vieux spectre rouge? pour en faire peur de loin comme on fait peur d'un revenant aux naïfs? pour jeter les populations, tête baissée, dans les bras du gouvernement et de ses candidats?

Et ces candidats ne prennent-ils pas soin d'agiter le fantôme? Cette année, à la veille du scrutin, n'ont-ils pas fait au gouvernement l'aimable reproche d'être trop libéral?

Une interpellation qui n'a pas même osé se pousser jusqu'au vote, n'a-t-elle pas *benoîtement* demandé *la répression*?

Douce violence! Le gouvernement l'a promise.

Et voici qu'interdictions et dissolutions tombent drues comme grêle sur les assemblées ; arrestations, poursuites, amendes, mois et années de prisons, — sur les orateurs de ces classes ouvrières que l'on chérit tant!

O désappointement! Tant de rigueurs n'éveillent pas chez les victimes un seul de ces mouvements d'indignation et de colère que l'on attendait. — Traités comme des loups, les *tribuns* restent doux comme des agneaux.

Et la presse?

La presse? En 13 mois elle a récolté 116 procès, 9 ans 1 mois et 23 jours de prison, 9 mois d'interdiction des droits, et 135 000 francs d'amende, non compris le décime.

La Chambre applaudit.

Voilà vos libertés, et leurs défenseurs.

SYSTÈME COLONIAL.

Encore, ne vous plaignez pas trop, messieurs les Français de la France. Jetez les yeux sur les Français de l'Algérie et des colonies.

L'Algérie, cette terre malheureuse, traitée toujours en terre conquise, où une auguste volonté s'est librement donné carrière, où l'imagination impériale a rêvé un royaume Arabe des *Mille et une nuits*, où l'on a fait enfin tous les essais sauf celui de la liberté et du droit, — à quel régime est-elle soumise? A je ne sais quel mélange des deux éléments les plus redoutables, — l'administration et l'armée; — c'est-à-dire à l'administration militaire.

En Algérie comme aux colonies, pas de citoyens, — des habitants; pas d'électeurs, des administrés; pas de lois, des décrets; pas de vie publique, pas de libertés politiques, pas de franchises municipales, pas de magistrature inamovible, pas de vote de l'impôt, pas de corps électifs. La souveraineté du peuple n'est qu'un principe continental; on ne l'importe pas aux colonies. Vérité en deçà des mers, erreur au delà.

« On reconnaît la bonté de l'arbre aux fruits qu'il porte, » disait récemment l'Empereur. Voyez les fruits du système colonial.

En Algérie, la crise en permanence, d'incessantes révoltes des indigènes, la misère, la famine.

Aux colonies, l'incurie, le dépérissement, la dépopulation.

C'est avec chaleur, avec entêtement que l'opposition a plaidé la cause de nos compatriotes d'outre-mer.

En 1864, voici l'amendement qu'elle proposa:

« L'Algérie et nos autres colonies seraient depuis longtemps florissantes, si elles avaient été dotées d'institutions libérales. Qu'elles soient du moins assimilées à la France, et que leurs intérêts puissent être défendus dans cette enceinte par des représentants de leur choix. »

— Non. (217 voix contre 17.)

Amendement analogue en 1866. — Non.

En 1868, demande : 1° d'un député par chaque province algérienne; 2° de conseillers généraux élus; 3° de la suppression des tribunaux militaires en territoire civil; 4° de l'extension du territoire civil au Tell; 5° de la constitution de la propriété individuelle dans plusieurs tribus.

— Non. (184 contre 21)

Nouvelle tentative en 1869. Mais si le gouvernement n'avait daigné promettre des conseils généraux et des conseils municipaux élus, quelle apparence que MM. les députés lui eussent résisté, par sympathie pour les Algériens? Ce n'est pas en Algérie qu'ils sont candidats officiels.

Cette année encore, l'île de la Réunion a troublé leur repos.

Cette île qui s'était gouvernée seule de 1793 à 1803, qui avait reçu du gouvernement de Juillet des libertés municipales, et de la République le suffrage universel, a tout perdu sous l'empire. Les sénatus-consultes de 1854, 1861, 1866, la tinrent pliée sous le régime absolu des décrets, et sous le commandement d'un gouverneur-amiral, maître en son île comme à son bord en temps de guerre.

En seize ans, le commerce a baissé de moitié, et le nombre des morts a dépassé de dix-neuf mille celui des naissances.

Toutes les pétitions, toutes les supplications sont restées vaines.

Un jour, à quelque agitation et à quelques coups de pierre, l'autorité a répondu à coups de fusils et à coups de baïonnettes. L'état de siége a été proclamé.

L'opposition, indignée, a porté devant la Chambre ces faits, et le régime colonial, leur seule cause. Mais l'interpellation a été étouffée en une séance.

La clôture! La clôture!

La question est rentrée dans l'ombre, et l'île est retombée sous la dictature.

Tout est dit.

Électeurs, songez que vos concitoyens des colonies sont sans défense. Souvenez-vous qui les a soutenus et qui les a repoussés, quand ils imploraient l'Assemblée de la mère patrie.

AFFAIRES MUNICIPALES.

On n'accusera certes pas les électeurs des campagnes de puiser l'esprit d'opposition dans les rancunes des vieux partis, ni dans les polémiques de journaux, ni dans le spectacle des réunions publiques. Eux, dont la politique et les soins ordinaires se bornent aux affaires de la commune, eux, la joie, l'amour, l'espoir de l'administration et de ses députés, sont comblés, sans doute, de douceurs et de libertés?

Hélas!

On leur a fait grand bruit d'un grand mot, qu'on ne leur a guère expliqué : *la décentralisation.*

Décentraliser, c'est reporter la vie du centre de la France où elle afflue, aux extrémités où elle manque; de Paris, à la province; du corps de l'administration, à tous les corps communaux; c'est rendre à tous les citoyens l'indépendance, l'initiative, l'action propre, la gestion de leurs intérêts, le maniement de leurs affaires.

Mais, diminuer les attributions du ministre dans les affaires du département, pour accroître celles du préfet; diminuer la part du préfet dans les affaires de la commune, pour accroître celle du maire, ce n'est pas affranchir le département ni la commune; c'est leur donner simplement un maître plus bas, plus proche, plus incommode.

Que faudrait-il donc? Que la commune fût maîtresse chez elle.

Que les conseillers municipaux ne pussent être suspendus désormais, au gré de MM. les préfets et les ministres, et remplacés, comme à Paris et à Lyon, par certaines commissions composées à la façon de ces messieurs. Car c'est là simplement supprimer le suffrage universel au premier degré.

Que le maire fût l'élu de ses concitoyens, c'est-à-dire, choisi par eux directement, ou tout au moins, choisi par le gouvernement dans le Conseil municipal.

Car nul ne doit administrer les biens ni les intérêts de ses concitoyens sans leur mandat. —

Telle était la loi en 1789, en 1831, en 1848.

Telle était la proposition faite en 1864 par amendement de l'opposition.

Qu'a dit la Chambre? — Non.

En 1865, même proposition : — Non! (207 voix contre 25. — Vote du 6 avril.)

En 1866, après les élections municipales : — Non!

En 1867, présentation par le gouvernement d'une loi municipale. — Pourra-t-il imposer une commission municipale à une commune pour trois ans ou pour six mois? — Pour trois ans! (Séance du 13 avril.)

Paris et Lyon seront-ils soumis encore au système des commissions municipales qui les humilient et les ruinent? — Oui.

Vote d'ensemble : 213 voix pour la loi : 36 contre.

Vos communes, électeurs, commencent à secouer le joug administratif; et vos petites assemblées s'enhardissent par degrés à soutenir leurs droits contre les maires-dictateurs et les tyrans-préfets.

Renverrez-vous au Corps législatif des hommes dont l'intérêt et le rôle est de vous courber sous les préfets et sous les maires, leurs alliés?

AGRICULTURE ET TRAVAUX PUBLICS

L'agriculture! Voici le fort de bien des députés; c'est ici qu'ils se retranchent et qu'ils se croient invincibles. Ils aiment l'agriculture et ils veillent sur l'agriculture; il semble que l'agriculture ne vive que par eux et que chaque jour ils versent pour elle leurs sueurs et leur sang! L'agriculture est tout! Tout pour l'agriculture! N'est-ce pas chez les populations agricoles que se sont réfugiés le patriotisme, l'honneur, le dévouement à l'ordre, à l'empire— et aux candidats officiels; enfin les sains principes religieux, économiques, politiques, sociaux et autres? — Ouvrier-laboureur, laboureur-soldat, gentilhomme-laboureur, laboureur-électeur, — tout est là!

— Eh! messieurs, qui n'aime l'agriculture et les agriculteurs? Leur souhaiter chaque matin mille prospérités, est fort bien; mais que faites-vous pour eux?

— Ce que nous faisons? Nous recommandons le drainage, les dessèchements, certains travaux et certains dégrèvements d'impôts; nous obtenons même des secours, des primes, des subventions, des encouragements pour nos électeurs.

— Mais sur quel argent, s'il vous plaît?

— Sur l'argent du budget.

— C'est-à-dire sur celui des électeurs.

— Nous donnons aussi de notre poche, et nous payons de notre personne; nous patronnons des œuvres....

— Oui; vous présidez des concours, vous prononcez des discours, vous allez tenir vos assises dans vos terres. Quoi encore?

— N'est-ce pas assez?

— Non vraiment. Vous consumeriez tous vos forces et votre fortune à cette besogne que vous n'auriez rien fait encore. Mieux vaudrait un peu d'indépendance et d'énergie à la Chambre que tant de sollicitations et de démarches dans les antichambres des ministres; mieux vaudrait, pour vos électeurs, moins d'aumônes et plus de droits, de moins belles protections pour quelques individus ou quelques hameaux dont vous vous posez en seigneurs et bienfaiteurs, et de meilleures lois pour le pays à qui vous les devez et dont vous êtes les serviteurs.

Et d'abord, qui ruine les campagnes? Les gros impôts. — C'est vous qui les maintenez. Et quoi de plus simple? Ne faut-il pas de gros impôts pour faire les gros budgets que vous approuvez et dont vous tirez, à vous et aux vôtres, le plus que vous pouvez. D'une main vous obtenez, par la grâce d'un ministre ou d'un prefet, de ci et de là, bon an mal an, quelques centaines ou quelques milliers de francs pour vos communes et pour vos électeurs. Mais de l'autre main vous leur prenez des millions. Seulement, la main qui apporte s'étale; la main qui prend, franc par franc, centime à centime, on ne la voit pas, on ne la cherche pas; on a tort : c'est la vôtre.

Chaque année l'opposition s'épuise en avertissements, en plaintes, en efforts. Elle vous crie :

Tranchez les dépenses stériles, et diminuez les charges; elles sont écrasantes.

Non! — et vous vous bouchez les oreilles.

Qui épuise encore les populations agricoles? — Ces saignées annuelles de 100 000 hommes, et la loi militaire. Qui les a voulues? — Vous.

Avez-vous jamais allégé ce fardeau de la guerre, en temps de paix? — Non.

Pour apaiser des souffrances trop criantes, le gouvernement daigne ouvrir en 1866 une enquête agricole. Les populations seront-elles entendues? Donnerez-vous la parole à leurs représentants naturels, conseillers municipaux ou généraux?

— Non. (Vote du 13 mars.)

Comment donc! MM. les préfets et les maires ne sont-ils pas infaillibles?

Cette même année, l'opposition présente cet amendement à l'adresse :

« Il faut reconnaître que l'agriculture est en droit de réclamer le dégrèvement des droits de mutation, la diminution du contingent et le ralentissement des travaux stériles qui détournent du sol tant de bras, tant de capitaux qui lui sont indispensables. »

— Repoussé ! Vous entendez bien, repoussé, cet amendement ! 233 voix contre 22. (Vote du 12 mars.)

Vous verrez plus loin les noms.

Nouvel amendement en 1869, pour la révision des impôts. Mais, hélas ! il était mort et condamné en naissant. On connaît la jurisprudence de la majorité.

Vive l'agriculture !

Agriculture et travaux publics, travail des champs et travail des villes, voilà deux sources de richesse faites pour s'alimenter l'une l'autre. Or chez nous l'une a tari l'autre.

Qui enlève à l'agriculture ses bras et ses capitaux, qui la mutile et la tue ? Sinon ce système de *transformation des villes*, sinon ces travaux *d'inutilité publique*, ces spéculations effrénées, ces fantaisies folles, ces constructions ruineuses. Paris devient un immense atelier national où s'engouffrent la fortune et l'activité de la France. Attirées par ce mouvement immense, par le taux des salaires, par l'appât du plaisir, par le spectacle du luxe, des armées d'hommes désertent ces champs, s'entassent et campent dans nos murs. Pour les nourrir, il faut du travail, pour les payer il faut de l'argent. Mais l'argent et le travail attirent d'autres recrues, qu'il faut nourrir et payer à leur tour.

Et quand le travail manque? on en fait: on démolit. — Et quand l'argent manque? on en fait: on emprunte.

L'État emprunte, — [en 1855, en 1859, en 1864, en 1868]; Paris emprunte, — [ouvertement en 1852, en 1855, en 1860, en 1865, en 1868 (1144 millions!!); de façon déguisée, tous les ans]; les départements empruntent, — [237 millions de 1852 au 1er janvier 1869]; les villes empruntent [472 millions pendant la même période]; les communes empruntent [plus de 200 millions][1].

L'Empire c'est l'emprunt.

Qu'avez-vous fait, Messieurs les députés, pour couper cette fièvre qui gagne toute la France? Rien; et tout pour l'empirer.

A Paris, à Lyon, partout, vous avez maintenu contre l'opposition, contre l'opinion publique, les commissions municipales qui mettent les villes, leurs ressources, leurs édifices, leurs habitants à la merci des préfets.

Vous avez encouragé le système des expropriations arbitraires et à outrance, qui place la propriété dans la main de l'administration.

Vous avez laissé le Crédit foncier et le Crédit

1. Voy. *l'Empire et ses principes financiers*, par M. H. Merlin. M. Lechevalier, éditeur.

agricole violer leurs statuts, violer les lois, et l'esprit de leur institution, détourner leurs capitaux de l'agriculture, spéculer sur des opérations de banque, sur des traités avec la ville de Paris et avec les gouvernements étrangers.

Vous avez laissé s'aggraver toutes les illégalités et tous les dangers qu'on vous dénonçait dans l'administration de Paris.

En 1865, vous acclamiez les dictateurs de Paris, et vous autorisiez leur emprunt de 250 millions. Or, le rapport de la Cour des comptes, que nous avons enfin, constate à cette époque une augmentation illégale de vingt millions sur cet emprunt; une confusion illégale entre la caisse des travaux et celle de la ville; trois emprunts illégaux, obtenus de sociétés diverses et du Crédit foncier, et première [illegible] dette illégale des 465 millions.

En 1866, vous rejetez une demande de contrôle, et vous autorisez la circulation de 100 millions de bons pour 1867.

En 1869 enfin, le jour se fait.

On découvre que le système des bons de délégation, dix fois démontré, dix fois nié, n'est qu'une machine à emprunts déguisés et clandestins. 465 millions ont été empruntés en violation des lois; en violation des lois, le Crédit foncier a fait des prêts à la ville de Paris, et ces prêts sont usuraires.

Telles sont les *opérations* pour lesquelles on exige de vous une simple ratification, un vote de confiance. 97 voix demandent des explications et des comptes. 142 passent outre. — La clôture ! la clôture !

Le lendemain, 28 membres désertent ; 69 seulement combattent la convention. 187 l'acceptent.

Vient ensuite l'approbation rétrospective des mutilations du Luxembourg, et des subventions aux travaux du Trocadéro, sur le budget de la France et l'argent des provinces.

M. Haussmann triomphe. Paris n'obtient pas même un conseil municipal.

Il apprend avec stupeur qu'il a dépensé malgré lui, sans le savoir, plus de 2 milliards, et emprunté plus d'un milliard. Ses ressources sont grevées pour quarante ans ; sa dette annuelle est de 62 millions ; et de ses recettes, les deux tiers, sont le produit de l'octroi, de l'octroi, cet impôt *proportionnel-inverse*, puisqu'il pèse sur les habitants en raison inverse de leur fortune et en raison directe de leur pauvreté.

Gens des campagne et de Paris, quelle reconnaissance vous devez à *vos honorables !*

VOTRE ARGENT.

Après les finances de Paris, un coup d'œil sur celles de la France.

Il s'agit de votre argent, et certains chiffres vous paraîtront peut-être de quelque éloquence.

En matière de finances, et sur les demandes du gouvernement, le Corps législatif n'a pas varié, et son principe est bien simple : il a tout voté.

Aussi les résultats sont-ils merveilleux.

Le budget, comme vous savez, est le tableau des recettes et des dépenses de l'État, c'est-à-dire des sommes qu'il prend aux citoyens par l'impôt ou par d'autres moyens, et de l'emploi qu'il en fait. Le budget marque donc ce que le gouvernement coûte à la nation qu'il administre.

Il y a trente ans, le budget n'atteignait pas 1150 millions; il dépasse aujourd'hui 2200 millions. On voit que l'empire nous revient cher.

Le gouvernement propose le budget; ce sont ses offres. La nation, par ses représentants, les contrôle, les discute, les amende, et les vote, ainsi qu'il lui convient; car c'est elle qui paye.

Pour être clair, un budget doit être simple: or le nôtre est d'une étrange complication. Ce n'est pas un budget, c'est six budgets que nous avons par an : Budget ordinaire, budget sur ressources spéciales, budget spécial d'amortissement, budget extraordinaire, budget rectificatif, budget définitif.

Encore y a-t-il toujours *en train* les budgets de trois ans ; et le rapport de la Cour des comptes ne vient-il que trois ans après l'exercice écoulé.

Qu'on juge s'il est aisé de vérifier, ou même de poser notre bilan.

Enfin, les dépenses ont été longtemps votées par ministère, ce qui rendait le contrôle illusoire.

A ce système, l'opposition n'a pas cessé de réclamer des réformes : la majorité n'a pas cessé de les refuser.

Ainsi, en 1864 : demande de la spécialité des votes, et de remède au désordre des finances ; rejet par 223 voix contre 19.

En 1865 : demande de documents et de moyens de vérification. Refus par 176 voix contre 35.

Aussi, qui s'étonnerait de notre situation?

Pour son fonds de roulement, pour les dépenses courantes, l'Etat fait des billets : — ses *bons du Trésor*. C'est la dette flottante.

Quand, par une mauvaise gestion, cette dette

devient trop forte, il faut bien la régler. On fait un emprunt perpétuel, qu'on ne remboursera pas, et dont on payera la rente. La dette est alors *consolidée, inscrite au grand-livre.*

En 1850, la dette flottante était de 550 millions. L'année dernière elle montait à un milliard 400 millions. Le double, plus 300 millions.

On emprunta 429 millions pour combler le gouffre ; il s'est creusé depuis ; et la dette flottante est en ce moment de plus d'un milliard.

Il faudra donc emprunter, emprunter encore, emprunter toujours.

Après la fameuse conversion des rentes, on avait pourtant solennellement fermé le grand-livre. On l'a bientôt rouvert, et la dette inscrite qui nous grevait en 1856 de 240 millions de rentes par an, nous grève aujourd'hui de 365 millions; ce qui répond au capital de quatre milliards, dont s'est accrue notre dette en seize ans. — On attend la suite.

Avec ce que nous léguait l'ancien régime, les deux républiques et les trois gouvernements parlementaires ont créé le 1/4 de la dette française en 45 ans; les deux empires ont créé les 3/4, en 35 ans.

Aimable fruit du pouvoir personnel !

Chaque année, on nous présente pour l'année suivante un budget en équilibre ; mais ce n'est qu'un équilibre instable.

Ainsi, de 1853 à 1866, treize budgets se soldaient, en projet, par un excédant; au compte définitif, trois seulement ont présenté un excédant, dont deux *par suite d'emprunts*. Un seul budget devait être en déficit; il s'en est trouvé onze au compte définitif[1].

Les impôts sont poussés à l'extrême limite, et les recettes assurées ne vont pas à deux milliards par an. Or la dépense moyenne est de deux milliards deux cents millions. Déficit annuel et fatal : 200 millions, dont on charge provisoirement la dette flottante, mais qu'il faudra régler tôt ou tard.— Comment? par emprunt. Nous en revenons toujours à l'emprunt.

On ne peut emprunter que sur ses ressources; — et quand on n'a plus de ressources, sur son crédit. Le crédit usé, c'est la banqueroute.

Or, croit-on que l'on n'ait pas encore assez usé du crédit, lorsqu'en seize ans, les emprunts de l'administration (État, départements et villes) forment seuls un total de six milliards?

Deux chiffres encore :

Pour dix-huit ans, le gouvernement de Juillet a coûté à la France 18 milliards.

En seize ans, le deuxième empire nous a coûté 29 milliards, dont 9 pour la guerre et la

1. V. *Progression comparée des budgets de l'Empire*, par M. H. Merlin. — M. Le Chevalier, éditeur.

marine. C'est 11 milliards de plus pour deux ans de moins.

Ouvriers et agriculteurs, vous qui n'avez ni capitaux ni crédit, dont le travail acharné et le maigre salaire suffisent à peine à la vie de chaque jour, songez à ce qu'on pouvait faire avec cet appoint de 11 mille millions.

Êtes-vous contents de vos contrôleurs?

Guerres, entreprises chimériques, travaux de luxe, gros traitements, dotations, emprunts, impôts...

Ils ont tout approuvé. Vous avez tout payé.

Courage, remettez-leur encore votre bourse.

TOUT POUR LE PEUPLE.

Il est de principe que la France est la patrie de l'égalité; que les privilèges n'y peuvent trouver place, et que les institutions, les lois et les mœurs y répugnent à l'exploitation de tous par quelques-uns. Seul, le suffrage universel est maître; on le lui dit du moins, pour qu'il le pense. Quant aux gens du gouvernement, ils n'ont de souci que pour les *masses* et pour « leur bien-être matériel et moral. »

Par malheur, les bonnes gens des *masses* ne savent que trop combien cette égalité des droits est chimère pour qui ne peut ou qui ne sait les exercer; nul travail ne porte grand fruit sans un fonds d'argent ou d'instruction.

A défaut d'autre, l'instruction est donc un capital que la nation doit à tous ses enfants.

Aussi, l'opposition, qui a la naïveté d'être démocrate dans un pays de démocratie, l'opposition demandait, en 1864, la gratuité de l'instruction primaire.

— Non, dit la Chambre. — (222 non, contre 15 oui!)

En 1865 : « Votez l'instruction gratuite et obligatoire. » — Non. — (233 contre 17)

En 1867, vient le projet de loi sur l'instruction primaire : « De grâce donnez-nous la gratuité. »

— Non. (199 voix contre 32.)

Défense aux pauvres de s'instruire.

De 1853 à 1866 le deuxième empire a dépensé 9 milliards 310 millions pour la guerre et la marine ; et pour l'instruction publique, 325 millions.

Aux États-Unis, sous la présidence de Buchanan, prédécesseur de Lincoln, le budget de la guerre a coûté 82 millions en quatre ans; le budget annuel de l'instruction publique est de 500 millions.

Il est vrai que les États-Unis sont en république, et la France en empire.

Pour 1869, notre budget de l'instruction publique est de 36 millions. (Instruction primaire, enseignement secondaire et supérieur, frais d'administration, établissements publics et littéraires y compris.)

Notre budget de la guerre est de 475 millions.

Le budget des dotations (Empereur, princes et princesses, Légion d'honneur....) est de 51 millions.

(Le président de la République américaine touche 130 000 francs.)

On connaît les traitements misérables des instituteurs. — (600 ou 700 francs. Loi du 10 avril 1867.) — Nombre de membres se sont obstinés à réclamer quelque amélioration. Voici comme ils ont réussi.

Des instituteurs retraités en 1833 et 1864 touchent 72 ou même 63 francs, après plus de 50 ans de service. Les retraités de 1868 n'auront pas plus de 130 francs, pour 40 ans de service.

Après vingt-cinq ans, un sous-officier a 500 francs.

Le *Bulletin des lois*, insérait dernièrement, la mention suivante :

« Jeanne Bory, institutrice publique, 35 *ans de service*, à Billère (Basses Pyrénées). Pension de retraite liquidée à 38 francs.

« Marie-Jeanne Delachavonnery-Héritier, institutrice publique à Queige (Savoie). 45 *ans de service*; pension de retraite liquidée à 67 fr.[1]. »

1. V. *Réponse à un ancien constituant*, par M. A. Gaulier. — Le Chevalier éditeur.

Pour nous consoler, nous avons la pensée que les dignitaires de l'Empire ont de quoi ne pas mourir de faim ; exemples :

Son Excellence M. Vaillant :

Maréchal.	30 000
Grand'croix de la Légion d'honneur.	3 000
Ministre de la maison de l'Empereur.	100 000
Grand maréchal du palais.	60 000
Sénateur.	30 000
Membre du bureau des longitudes.	5 000
Membre de l'Institut.	1 500
	229 500

Sans compter le logement, le chauffage, seize rations de cheval par jour, les réductions sur les chemins de fer, etc., etc.

Son Excellence M. de Mac-Mahon, duc de Magenta. . . . . 288 000 fr.
(Nous ne détaillons plus.)

M. le marquis de la Valette. . 205 000 »

Son Excellence M. Niel. . . . 193 000 »

Son Excellence M. le comte de Goyon. . . . . 168 000 »

Nous ne citons pas la foule des menus traitements : 160 000 francs, 120 000, 90 000, 70 000, 50 000, 40 000. — 40 000 francs !

Qu'est-ce que cela, je vous prie, pour un dignitaire impérial ?

Voilà ce que vos députés votent tous les ans.

L'opposition, il est vrai, les gêne et les ennuie fort de ses remontrances, de ses amendements et de ses doctrines.

Attaquer le cumul et les dotations, les grands commandements et la maison de l'Empereur, le ministère d'État et le département de la guerre, les dépenses improductives et les impôts iniques, quelle malveillance, quelle prétention, quelle utopie, quelles théories subversives!

Et où irions-nous, je vous prie, s'il fallait écouter ce groupe hostile d'adversaires systématiques? Il faudrait prendre au sérieux le suffrage universel, les droits des électeurs, et les devoirs des élus.

Est-ce admissible?

Soyez fiers, électeurs, que votre bien passe en si belles choses et à si grands personnages? Hardi! donnez encore mandat à MM. les députés officiels. Vous n'avez guère à craindre, soyez-en sûrs, qu'il soit jamais plus mal employé qu'aujourd'hui.

Payez! payez! Tout pour le peuple.

CONCLUSION.

Électeurs,

Nous vous avons rappelé quelques faits et quelques chiffres, entre mille. Espérons qu'ils suffiront à vous renseigner sur la gestion de

MM. vos chargés d'affaires, et pourront vous édifier sur leur compte.

Ces messieurs, vous les aviez acceptés la plupart, du ministre ou du préfet, de l'Empereur ou du maire, avec la déférence que vous semblait mériter la recommandation d'aussi hauts personnages.

Par malheur, l'Empire n'a trouvé en eux que des complaisants; la nation, des indifférents, ou pis. Fidèles serviteurs, dévoués sujets, courtisans modèles, ils ont été des mandataires douteux, de tristes contrôleurs, de fâcheux députés.

Faut-il accuser leurs intentions? — Non; mais la situation qu'ils s'étaient faite, et la faiblesse qui les y a retenus. Ce qu'il faut flétrir, c'est le système, non les hommes; les candidatures, et non les candidats officiels.

Choisis par le gouvernement, ils ont été nommés par la nation. Peut-on servir deux maîtres ou deux clients à la fois? Quand on doit défendre les droits d'une partie, c'est folie, ou duplicité de se laisser lier à l'autre.

Le désir d'être députés, et peut-être un dévouement sincère au gouvernement, leur avait fait accepter sa protection. Mais cette protection du gouvernement les a placés sous sa dépendance, et vous y a mis, vous aussi, dans leur personne. Vous ne serez donc jamais libres, et vos intérêts ne seront jamais en sûreté, que par l'indépendance de vos représentants.

L'Empereur nomme le Sénat, le Conseil d'État, la Cour des comptes, l'administration, l'armée, le clergé, la magistrature. S'il nomme le Corps législatif, l'État tout entier ne sera plus que par lui, en lui, pour lui; façonné à son image, l'État ne lui présentera plus que le reflet de ses volontés; il pourra dire : l'État c'est moi!

Si le gouvernement est maître des candidats, il le sera des députés, qui sont la nation. Ainsi plus de représentation nationale! car il se choisira une nation dans la nation; il se fera une nation à soi, une nation fausse et servile; et la souveraineté passera de tous sur un seul. Plus de contrôle! car que serait, je vous prie, une société, dont l'administrateur nommerait le conseil de surveillance, et le contrôlé, les contrôleurs?

Le mal est donc dans les candidatures officielles : il faut l'étouffer.

La France, encore une fois, va ressaisir ses destinées, mais elle ne les tiendra qu'un instant, pour les remettre à ses élus. Elle n'est souveraine que vingt jours tous les six ans, le temps de nommer ses ministres et d'abdiquer.

Pour que ces ministres, qui vont gouverner six ans, représentent nos intérêts et nos vœux, que doivent être les élections? libres; la lutte? loyale; la discussion? complète; le scrutin? sûr; l'administration? neutre.

Mais l'Assemblée nous a refusé toutes garanties : — Réunions libres, — régularité des circonscriptions, — libre affichage et distribution des circulaires et bulletins, — abstention des agents communaux, — urnes réglementaires, — enveloppes pour les bulletins, — tableau des candidats... Elle a tout refusé, tout; et certes, la chose se conçoit. Les candidatures officielles aiment le silence et l'ombre.

Quant à l'administration, voici sa règle : elle déclare une guerre, une guerre implacable, à tous les indépendants, quel que soit leur drapeau.

Préfets et instituteurs, maires et gardes champêtres, juges de paix et facteurs de la poste, fonctionnaires de tout ordre, agents et amis de tout degré, serviteurs et protégés de tout rang, — c'est une armée entière qui se met en campagne. Rigueurs et faveurs, intimidation et flatteries, menaces ou promesses, rien ne coûte et tout est bon pour rallier et grossir les combattants, pour mener et pousser les *masses*.

M. le ministre de l'Intérieur nous l'a dit : « Le gouvernement entend être *fidèle* à la Chambre, comme la Chambre est restée fidèle au gouvernement. »

Charmante union ! le gouvernement peut-il refuser rien à ceux qui ne lui ont jamais rien refusé ?

M. le ministre dit encore :

« La lutte ne sera pas seulement une lutte de systèmes, mais *une lutte de personnes ;* » — et cette lutte, contre qui? Contre tout candidat qui « *soutiendra cette thèse,* » que notre armée et notre budget sont trop lourds, et « qu'il y a des concessions à faire à ceux qui vivent de leur travail, qui sont malheureux et qui souffrent. »

Voilà qui est franc.

Électeurs et candidats vous êtes avertis.

Vous tous, qui n'entendez relever que de la volonté nationale, et qui voulez la nation maîtresse de sa politique, de son argent, de son sang, comme chaque citoyen maître de ses opinions, de ses droits et de son vote, — c'est la guerre qu'il vous faudra soutenir.

La liberté, comme la vie, est une bataille.

Tenez-vous prêts; le grand jour approche.

Notre sort à tous est en vos mains.

LES VOTES.

Quelques explications sur le tableau des votes.

Pour être utile, pour être lu, pareil tableau doit être clair et bref.

Aussi n'avons-nous pris qu'un petit nombre des questions débattues à la Chambre, celles qui touchent le plus d'hommes, dans leurs intérêts les plus directs et les plus chers.

Ainsi : L'expédition du Mexique, c'est-à-dire la guerre ; les affaires de Danemark et d'Allemagne, c'est-à-dire la politique ; la loi militaire, c'est-à-dire l'impôt du sang ; la loi de sûreté générale, c'est-à-dire la liberté individuelle ; les attributions départementales et municipales, c'est-à-dire la décentralisation et les communes ; l'agriculture et les travaux publics, c'est-à-dire les intérêts des campagnes ; les libertés intérieures, c'est-à-dire les droits de tous les citoyens ; l'Algérie, c'est-à-dire le système colonial ; le budget, c'est-à-dire la question d'argent.

De plus, comme les grandes questions se représentent sans cesse, nous avons dû, sous peine de longueur et de redites, choisir, sur chacune, un seul scrutin ; non pas le dernier en date, mais le plus important.

En effet, il est dans toute question un moment critique, un point saillant, où les opinions et les tendances de chacun prennent une netteté et une importance particulières.

C'est à ce moment, c'est à ce point de chaque question qu'il faut nous arrêter, pour prendre en quelque façon nos députés sur le fait ; pour constater dans quel sens ils se sont décidés à l'heure solennelle, dans quelle voie ils nous ont engagés.

Que plus tard, poussés par les événements, par l'opinion publique, par le gouvernement même, ils soient mollement revenus sur leurs pas ; que la face des questions ait changé ; que certaines fautes du gouvernement et certains vices de nos institutions, qu'ils niaient, aient été démontrés, reconnus même par leurs auteurs, — peu importe. Car ce n'est pas assurément l'œuvre des hommes dont les idées, les efforts et les votes poussaient à l'opposé. Qu'importe par exemple qu'après les avoir dédaignées ou combattues, ils aient accepté quelques réformes, comme le droit d'interpellation, la présence des ministres à la Chambre, les lois sur la presse et sur les réunions publiques ? S'ils ne font que subir le progrès, ils n'y aideront jamais ; ils le ralentiront toujours. Marche-t on bien à reculons ? Travaille-t-on bien à contre-cœur ?

Ainsi, ce qu'il faut étudier et connaître, ce sont les actes et les tendances de ceux qui sollicitent de mener encore nos affaires.

Avant de nous abandonner à eux, c'est un droit, c'est un devoir pour nous de songer à ce qu'ils ont voulu, à ce qu'ils ont laissé faire de nous; de songer surtout à ce qu'ils pourraient faire ou laisser faire encore.

Pour bien éclairer chaque question et chaque scrutin, nous donnons avant le tableau des votes, le texte officiel des propositions sur lesquelles ces votes ont eu lieu.

PREMIÈRE QUESTION. — *Mexique.*
(*La guerre.*)

Pour la législature de 1863, le *moment critique* de l'expédition mexicaine a été 1864.

Car en 1864 on pouvait encore arrêter les fautes et prévenir les catastrophes ; et la Chambre nouvelle allait rendre sa première décision qui a entraîné les autres.

Voici l'amendement qu'un groupe assez nombreux de membres proposait au paragraphe 6 de l'Adresse.

« En applaudissant au courage et à l'héroïque persévérance de ses soldats, la France se préoccupe des proportions et de la durée de l'expédition du Mexique ;

« Elle désire vivement qu'une conclusion prochaine fasse cesser les sacrifices que cette expédition nous coûte, et prévienne les complications politiques dont elle pourrait devenir l'occasion. »

Pour l'amendement : 47 voix ; contre : 199. (Vote du 27 janvier 1864.)

Deuxième question. — *Affaires de Danemark et d'Allemagne.*
(La politique.)

Prenons l'année 1866, celle des événements décisifs.

Le 3 mars, l'opposition présenta un premier amendement au paragraphe 2 de l'Adresse. Elle demandait que le Gouvernement affirmât la politique du droit et le respect des traités; — qu'il sortît de la politique ambiguë de prétendue neutralité, favorable à certaines convoitises et à certains projets d'outre-Rhin.

218 voix contre 20 repoussèrent sa demande.

Mais il nous paraît plus juste de donner le texte et le vote d'un deuxième amendement sur le même paragraphe qui rallia trente membres de diverses fractions de la Chambre. — Le rejet d'ailleurs n'en est que plus significatif.

« En nous associant à la sage politique de neutralité suivie par Votre Majesté dans les affaires d'Allemagne, nous nous associons aussi aux vœux exprimés à plusieurs reprises par votre gouvernement, pour que les populations des duchés de l'Elbe soient consultées sur le règlement de leurs destinées. Nous espérons, notamment, que les populations danoises, enlevées au Danemark, notre ancien et fidèle allié, lui seront rendues ainsi que le demandent et le sentiment de la justice et les véritables intérêts de l'Allemagne. »

On voit combien l'avis s'offrait humblement.

Rejet par 212 voix contre 30. (3 mars 1866.)

TROISIÈME QUESTION. *La loi militaire*, 1868.

(*L'impôt du sang.*)

Inutile d'en donner le texte. On la connaît : Pour : 200 voix ; contre : 60.

4e QUESTION. *La loi de sûreté générale.*

(*Liberté individuelle.*)

Prenons la discussion et le vote de 1864. Il s'agissait de se prononcer sur la loi, avant l'expiration d'une partie de ses dispositions renouvelables en 1865.

3e amendement au paragraphe IV de l'adresse, proposé par les membres de la gauche.

« La loi de sûreté générale et les lois d'exception qui l'entourent détruisent la liberté individuelle. Nous en réclamons l'abrogation. »

Oui : 36. Non : 200. (21 janvier 1864.)

5e QUESTION. *Attributions municipales et départementales.*

(*Communes et décentralisation.*)

L'amendement présenté en 1864, par l'opposition, dans la discussion de l'adresse, est le plus complet et le plus net.

En voici les termes :

« L'accroissement des attributions municipaleset départementales sera le premier pas dans les voies de la décentralisation.

« Il est urgent de rendre aux conseils généraux la nomination de leurs présidents et de leurs secrétaires.

« Les électeurs de Paris et de Lyon ont condamné comme nous le système des commissions municipales.

« Le maire, représentant des intérêts communaux, doit être choisi dans le sein du conseil municipal.

« Les conseillers municipaux, mandataires de leurs concitoyens, ne doivent procéder que de l'élection. »

Pour l'amendement : 63 voix. Contre : 167. (20 janvier 1863).

6e QUESTION. *Agriculture et travaux publics (intérêts des campagnes).*

Prenons l'année où fut décidée l'enquête agricole : 1866.

Amendement au paragraphe VII de l'adresse, proposé par les membres de la gauche :

« Dès à présent, il faut reconnaître que l'agriculture est en droit de réclamer le dégrèvement des droits de mutation, la diminution du contingent et le ralentissement des travaux stériles d'embellissement, qui détournent du sol tant de bras, tant de capitaux qui lui sont indispensables. »

Pour : 22 voix. Contre : 223. (12 mars 1866).

7e QUESTION. *Libertés intérieures.*
(Droits des citoyens.)

Prenons l'année qui précéda le 19 janvier.

Vos députés reconnaissaient-ils les vices de régime et la nécessité de réformes, qu'allait avouer l'Empereur lui-même? Jugez-en :

Un premier amendement à l'adresse, présenté par la gauche, en faveur des libertés intérieures, fut repoussé par 236 voix.

Un autre disait avec humilité, en faveur de ces mêmes libertés :

« La France fermement attachée à la dynastie qui lui garantit l'ordre, ne l'est pas moins à la liberté, qu'elle considère comme nécessaire à l'accomplissement de ses destinées. Aussi le Corps législatif croit-il être aujourd'hui l'interprète du sentiment public, en apportant au pied du trône le vœu que Votre Majesté donne au grand acte de 1860 les développements qu'il comporte. Une expérience de cinq années nous paraît en avoir démontré la convenance et l'opportunité.

« La nation, plus intimement associée, par votre libérale initiative, à la conduite de ses affaires, envisagera l'avenir avec une entière confiance. »

Pour : 61 voix ; contre : 202. (17 mars 1866).

HUITIÈME QUESTION. — *Algérie.*
(*Système colonial.*)

1868 : après la terrible *expérience* de la crise, de la misère et de la famine en Algérie.

A l'occasion du budget un amendement de la gauche propose :

« Que chacune des trois provinces algériennes

nomme un député ; que le conseil supérieur de la colonie compte un nombre de délégués élus égal à celui des fonctionnaires publics ; que les procès-verbaux de ses séances soient publiés ; que les membres des conseils généraux soient élus ; que le Tell soit déclaré territoire civil ; que l'armée d'occupation soit réduite, et que la propriété individuelle soit constituée dans plusieurs tribus. »

Pour : 21 voix ; contre : 184.

NEUVIÈME QUESTION. — *Le Budget.*
(*La question d'argent.*)

Tous nos bugets se ressemblent. On en a vu plus haut certains détails édifiants.

Chaque année quelques membres demandent des réformes ; chaque année la Chambre les refuse, — et vote.

Le dernier budget (ordinaire et extraordinaire), celui de 1868, a été approuvé par 211 voix. — 15 seulement ont protesté et voté non.

Pour ne savoir dire une fois non, vos députés nous ruineront-ils ?

On trouvera les noms dans le tableau.

Dans ce tableau, nous ne donnons pas les noms des députés tout récemment élus, et nous donnons quelques noms de députés morts ou sortis du Corps législatif. Nous nous sommes réglés surtout sur l'importance des votes.

Ce signe — indique que le député n'était pas encore ou n'était plus au Corps législatif, lors du vote.

TABLEAU DES VOTES DES DÉPUTÉS

SUR LES QUESTIONS INDIQUÉES CI-CONTRE (1863-1869)

NOMS des DÉPUTÉS.	DÉPARTEMENTS où ils ONT ÉTÉ ÉLUS.	1re Quest. Amendement sur l'expédition du Mexique.	2e Quest. Amendement sur les affaires d'Allemagne.	3e Quest. Loi militaire	4e Quest. Amendement sur la loi de sûreté générale.	5e Quest. Amendement en faveur de la décentralisation.	6e Quest. Amendement en faveur de l'agriculture.	7e Quest. Amendement en faveur des libertés intérieures	8e Quest. Amendement en faveur de l'Algérie	9e Quest. Budget de 1868.
Abbatucci	Corse.	contre	contre	pour	contre	contre	contre	contre	contre	pour
D'Albuféra	Eure.	contre	contre	pour	absent	contre	contre	contre	contre	pour
Ancel	Seine-Inféf.	pour	contre	contre	pour	pour	absent	pour	absent	pour
D'Andelarre	Haute-Saône	pour	absent	contre	pour	pour	absent	pour	absent	pour
André	Charente.	contre	contre	pour	contre	con re	contre	contre	absent	pour
[illegible]	Gard.	contre	contre	pour	contre	contre	contre	contre	contre	pour
[illegible]	[illegible]	[illegible]	[illegible]	[illegible]	[illegible]	[illegible]	[illegible]	[illegible]	congé	absent
D'Arjuzon	Eure.	contre	contre	contre	contre	contre	contre	contre	contre	pour
Arman	Gironde.	contre	contre	pour	contre	absent	contre	contre	contre	pour
D'Ayguesvive	Hte-Garonne	contre	contre	pour	contre	contre	contre	contre	contre	pour
Aymé	Vosges.	contre	contre	pour	contre	pour	contre	contre	contre	pour
Balay	Loire.	contre	contre	pour	contre	contre	contre	contre	contre	pour
De Barbantane	S.-et-Loire.	contre	contre	absent	contre	contre	contre	contre	absent	absent
Barbet	Seine-Infér.	contre	pour	pour	contre	contre	absent	contre	absent	pour
Barrillon (élu en 1866)	Oise.	—	contre	contre	—	—	contre	pour	contre	pour
Bartholoni	Haute-Savoie	contre	absent	pour	contre	pour	contre	contre	absent	pour
De Beauchamp	Vienne.	contre	contre	pour	contre	contre	contre	contre	contre	pour
De Beauveau	Sarthe.	congé	contre	pour	contre	contre	contre	contre	congé	congé
De Beauverger	S.-et-Marne.	contre	contre	pour	contre	contre	congé	contre	contre	pour
Belliard	Gers.	contre	contre	pour	contre	contre	contre	contre	contre	congé
Belmontet	Tarn-et-Gar.	contre	contre	pour	contre	contre	contre	contre	absent	pour
De Benoist	Meuse.	contre	contre	pour	contre	contre	contre	contre	contre	pour
Bérard (élu en 1867).	Savoie.	—	—	absent	—	—	—	—	contre	pour
Berger (élu en 1867).	M.-et-Loire.	—	—	pour	—	—	—	—	contre	pour
Berryer	B.-du-Rhône	pour	absent	contre	pour	absent	absent	absent	absent	absent
Bertrand	Calvados.	contre	contre	pour	contre	pour	contre	contre	contre	pour
Bethmont (élu en 1865)	Char.-Infér.	—	pour	contre	—	pour	pour	pour	pour	contre
Bodin	Ain.	contre	congé	contre	contre	congé	congé	congé	congé	congé
De Boigne	Savoie.	contre	pour	contre	contre	contre	contre	contre	contre	congé
Boisviel (élu en 1865)	Finistère.	—	contre	pour	—	—	contre	contre	contre	pour
Boucaumont	Nièvre.	contre	absent	pour	contre	contre	contre	contre	contre	absent
Bouchetal-Laroche	Loire.	contre	contre	pour	contre	contre	contre	contre	contre	pour
Boudet (élu en 1865).	Dordogne.	—	contre	pour	—	—	congé	congé	contre	pour
Bourlon	Vienne.	contre	contre	pour	contre	contre	contre	contre	congé	congé
Bournat	B.-du-Rhône	contre	contre	pour	contre	absent	contre	contre	contre	pour
Boutellier (élu en 1867)	S.-et-Loire	—	—	pour	—	—	—	—	contre	pour
Brame	Nord.	pour	contre	contre	pour	pour	pour	pour	absent	pour
Bravay (élu en 1865).	Gard.	—	congé	congé	—	—	congé	congé	congé	congé
Brohyer de Littinière	Manche.	congé	contre	congé	congé	congé	contre	contre	congé	congé

NOMS.	DÉPARTEMENTS.	1re Quest.	2e Quest.	3e Quest.	4e Quest.	5e Quest.	6e Quest.	7e Quest.	8e Quest.	9e Quest.
Buffet (élu en 1865)..	Vosges.	—	contre	contre	—	—	absent	pour	absent	pour
Buquet	Meurthe.	contre	contre	pour	contre	contre	contre	contre	contre	pour
De Bussierre	Bas-Rhin.	contre	contre	pour	pour	contre	contre	contre	absent	pour
Busson-Billault	Ariége.	contre	contre	pour	absent	contre	contre	contre	contre	pour
Caffarelli	Ille-et-Vil.	contre	contre	pour	contre	contre	contre	contre	contre	pour
Calvet-Rogniat	Aveyron.	contre	contre	pour	contre	contre	contre	contre	contre	pour
De Campaigno	Hte-Garonne	contre	contre	pour	contre	contre	contre	contre	contre	pour
Carnot (élu en 1864).	Seine.	—	pour	contre	—	—	pour	absent	pour	contre
Caruel de St-Martin.	Seine-et-Oise	contre	contre	pour	contre	contre	contre	contre	congé	congé
Cazelles	Hérault.	contre	contre	pour	contre	contre	contre	absent	congé	congé
Chadenet	Meuse.	contre	contre	pour	contre	contre	contre	contre	contre	pour
Chagot	S.-et-Loire.	contre	contre	pour	contre	contre	contre	contre	contre	pour
De Chambrun	Lozère.	pour	contre	contre	pour	absent	contre	pour	absent	pour
J. de Champagny	Côt.-du-Nord	contre	contre	pour	congé	congé	contre	contre	absent	pour
N. de Champagny	Morbihan.	contre	contre	pour	contre	pour	absent	contre	contre	pour
Charlemagne	Indre.	contre	contre	pour	contre	absent	contre	contre	congé	pour
De Chasot	Orne.	contre	contre	pour	contre	congé	contre	contre	contre	pour
Chauchard	Haute-Marne	contre	absent	pour	contre	pour	contre	contre	absent	pour
Chesnelong (1866)	B.-Pyrénées.	contre	pour	pour	—	—	—	—	congé	congé
A. Chevalier	Aveyron.	contre	absent	contre	absent	contre	contre	contre	contre	pour
Chevandier de Valdr.	Meurthe.	contre	contre	pour	contre	contre	congé	pour	contre	pour
De Chiseuil	S.-et-Loire.	pour	contre	absent	contre	absent	congé	contre	contre	pour
Christophle	Puy-de-Dôme	contre	congé	pour	contre	contre	contre	contre	contre	pour
Clary	Loir-et-Cher	contre	contre	contre	contre	contre	contre	pour	contre	pour
De Cœhorn	Bas-Rhin.	—	contre	pour	contre	absent	contre	contre	contre	congé
De Colb.-Chabannais.	Calvados.	contre	contre	pour	absent	contre	contre	contre	contre	pour
De Conegliano	Doubs.	contre	absent	pour	contre	pour	contre	contre	contre	pour
Conseil	Finistère.	pour	contre	pour	contre	contre	contre	contre	contre	pour
De Corberon	Oise.	contre	contre	pour	contre	contre	contre	contre	contre	pour
Corneille fils (1868)..	Seine-Infér.	—	—	pour	—	—	—	—	contre	pour
Cornudet (élu en 1867)	Creuse.	—	—	pour	—	—	—	—	contre	pour
Cosserat	Somme.	contre	contre	pour	contre	contre	contre	congé	contre	pour
Du Couëdic	Finistère.	contre	contre	pour	contre	contre	contre	absent	contre	absent
Coulaux	Bas-Rhin.	pour	contre	pour	contre	absent	contre	contre	congé	pour
Creuzet	Cantal.	contre	contre	pour	contre	contre	contre	contre	contre	congé
Curé	Gironde.	contre	pour	pour	pour	pour	contre	contre	absent	pour
Daguilhon-Pujol	Tarn.	contre	contre	pour	contre	contre	contre	contre	congé	congé
Dalloz	Jura.	contre	contre	congé	contre	contre	contre	contre	contre	congé
De Dalmas	Ille et-Vil.	absent	absent	pour	contre	contre	contre	pour	contre	pour
Dambry	Seine-et-Oise	contre	contre	pour	contre	contre	contre	contre	congé	absent
Darblay	Seine-et-Oise	contre	contre	pour	contre	contre	contre	contre	contre	congé
Darimon	Seine.	pour	absent	contre	pour	pour	contre	pour	absent	—
Darracq (élu en 1867)	Landes.	—	—	pour	—	—	—	—	contre	pour
Dautheville	Ardèche.	contre	absent	pour	contre	contre	contre	contre	contre	pour
J. David	Gironde.	contre	absent	pour	absent	pour	contre	contre	contre	pour
F. David	Deux-Sèvres.	contre	contre	pour	contre	contre	contre	contre	contre	pour
Dechastelus	Loire.	contre	contre	pour	contre	contre	contre	contre	contre	pour
Dein	Finistère.	contre	contre	pour	contre	contre	contre	contre	contre	pour
Delamarre	Creuse.	contre	contre	pour	contre	contre	contre	contre	contre	pour
Delavau	Indre.	contre	contre	pour	contre	contre	contre	contre	contre	pour
Delebecque	Pas-de-Calais	contre	contre	pour	contre	contre	contre	contre	absent	congé
Deltheil	Lot.	contre	contre	pour	contre	contre	contre	contre	contre	pour
Descours	Rhône.	contre	contre	pour	contre	contre	contre	contre	congé	pour
Desmaroux de Gaulm.	Allier.	contre	contre	pour	contre	contre	contre	contre	contre	pour
Dessaignes (1867)	Loir-et-Cher	—	—	pour	—	—	—	—	contre	pour

NOMS.	DÉPARTEMENTS.	1re Quest.	2e Quest.	3e Quest.	4e Quest.	5e Quest.	6e Quest.	7e Quest.	8e Quest.	9e Quest.
Dollfus	Lot-et-Gar.	contre	contre	pour	contre	contre	contre	contre	congé	congé
Dorian	Loire.	pour	pour	contre	pour	pour	pour	pour	pour	contre
Douesnel	Calvados.	contre	contre	pour	contre	contre	contre	contre	contre	pour
Drouot	Meurthe.	contre	contre	contre	contre	contre	contre	contre	contre	pour
Du Miral	P.-de-Dôme.	contre	contre	pour	absent	contre	contre	contre	absent	pour
Duplan	H.-Garonne.	contre	contre	pour	contre	contre	contre	contre	contre	pour
Dupont	Dordogne.	contre	contre	pour	contre	contre	contre	contre	contre	pour
Eschassériaux	Char.-Infér.	absent	contre	pour	contre	pour	contre	pour	contre	pour
d'Estourmel (1868)	Somme.	—	—	—	—	—	—	—	absent	pour
Etcheverry	B.-Pyrénées.	pour	congé	pour	contre	contre	contre	contre	congé	congé
Fabre	Gard.	—	contre	pour	—	—	contre	contre	contre	pour
J. Favre	Rhône.	pour	pour	contre	pour	pour	pour	absent	pour	contre
De Fay de la T.-Maub.	H.-Loire.	contre	contre	pour	contre	contre	contre	contre	contre	pour
Fleury	Loire-Infér.	contre	contre	pour	contre	contre	contre	contre	congé	congé
Flocard de Mépieu	Isère.	contre	contre	congé	contre	contre	contre	contre	contre	pour
A. Fould	H.-Pyrénées.	congé	congé	congé	congé	congé	contre	contre	contre	pour
E. Fould	Allier.	contre	congé	contre	contre	pour	contre	contre	contre	pour
Fouquet	Eure.	contre	contre	pour	contre	contre	contre	contre	contre	pour
De Fourment (1866)	Somme.	»	—	pour	»	»	—	—	contre	pour
Frémy	Yonne.	—	contre	pour	—	—	contre	contre	contre	pour
Garnier	Haut.-Alpes.	pour	absent	congé	contre	pour	absent	pour	absent	pour
Garnier-Pagès (1866)	Seine.	—	—	contre	—	—	pour	absent	pour	contre
Gavini	Corse.	contre	contre	pour	contre	pour	contre	contre	contre	pour
De Geiger	Moselle.	contre	contre	pour	contre	contre	contre	contre	contre	pour
ellibert des Seguins.	Charente.	contre	pour	contre	contre	pour	contre	pour	absent	pour
irod (de l'Ain) (1866).	Ain.	—	contre	pour	—	—	congé	contre	contre	pour
ot-Pouzol (1866).	P.-de-Dôme.	—	pour	contre	—	—	pour	pour	pour	contre
onde Buzareugines	Aveyron.	contre	contre	pour	contre	contre	contre	contre	contre	pour
is-Bizoin	C.-du-Nord.	pour	pour	contre	absent	pour	pour	pour	pour	contre
erg (élu en 1865)	Marne.	—	pour	contre	—	—	absent	pour	absent	pour
Gorrec	C.-du-Nord.	contre	contre	pour	contre	contre	contre	contre	congé	congé
rsse	Tarn.	—	contre	contre	—	—	absent	pour	absent	pour
Grammont	Hte-Saône.	pour	pour	contre	pour	pour	absent	pour	absent	pour
ier de Cassagnac.	Gers.	contre	contre	pour	contre	contre	contre	contre	contre	absent
sier	Somme.	contre	contre	pour	contre	contre	contre	contre	contre	pour
[illegible]	Haut-Rhin.	contre	contre	pour	contre	contre	contre	contre	contre	pour
Grouchy	Loiret.	pour	absent	pour	contre	pour	absent	pour	absent	absent
roult	Seine.	pour	absent	contre	pour	pour	pour	pour	pour	absent
laumin	Cher.	contre	contre	pour	contre	contre	contre	contre	contre	congé
uilloutet	Landes.	contre	contre	pour	contre	contre	contre	contre	contre	pour
La Guistière	I.-et-Vilaine.	contre	contre	pour	contre	absent	contre	contre	contre	pour
aljens	Sarthe.	absent	pour	contre	contre	contre	contre	contre	contre	congé
ez-Clapar. (1865).	Bas-Rhin.	—	absent	contre	—	—	pour	pour	congé	congé
oir (élu en 1866).	Nord.	—	—	pour	—	—	—	—	contre	pour
n.	Manche.	pour	pour	contre	pour	pour	pour	pour	absent	—
rincourt	Nord.	contre	contre	pour	contre	contre	contre	contre	contre	pour
rt.	Aisne.	contre	contre	pour	contre	contre	contre	contre	contre	pour
nocque	Moselle.	contre	contre	pour	contre	contre	contre	contre	contre	pour
on	Rhône.	pour	pour	contre	pour	pour	pour	pour	pour	contre
ier de la Motte	Tarn-et-Gar.	contre	contre	pour	contre	pour	contre	contre	contre	congé
Janzé	C.-du-Nord.	absent	contre	contre	absent	absent	absent	pour	absent	absent
De Jaucourt	S.-et-Marne.	contre	contre	pour	contre	contre	contre	absent	contre	pour
val	Yonne.	pour	absent	contre	pour	pour	pour	pour	absent	pour
Joliot (élu en 1867)	Isère.	—	—	pour	—	—	—	—	contre	pour
Josseau	S.-et-Marne.	congé	contre	congé	congé	contre	contre	contre	contre	pour

NOMS.	DÉPARTEMENTS.	1re Quest.	2e Quest.	3e Quest.	4e Quest.	5e Quest.	6e Quest.	7e Quest.	8e Quest.	9e Quest.
Jourdain (élu en 1865)	Pas-de-Calais	—	contre	pour	—	—	contre	contre	—	—
Jubinal	H.-Pyrénées.	—	contre	pour	contre	contre	contre	contre	absent	pour
Kercado	Morbihan.	contre	contre	pour	contre	contre	absent	contre	contre	pour
De Kervéguen	Var.	pour	contre	pour	absent	contre	absent	absent	absent	absent
Kolb-Bernard	Nord.	absent	contre	contre	pour	absent	contre	pour	absent	pour
Lacroix Saint-Pierre.	Drôme.	contre	contre	contre	contre	pour	contre	pour	contre	pour
De Ladoucette	Ardennes.	contre	contre	pour	contre	contre	contre	contre	contre	pour
Lafond de Saint-Mür	Corrèze.	contre	contre	pour	contre	contre	contre	contre	congé	congé
De Lagrange	Gers.	contre	contre	contre	absent	contre	contre	contre	contre	pour
Lambrecht	Nord.	pour	contre	contre	pour	pour	contre	pour	contre	pour
Lanjuinais	Loire-Infér.	pour	pour	contre	pour	pour	pour	pour	pour	contre
Larrabure	B.-Pyrénées.	pour	contre	pour	contre	contre	contre	contre	absent	pour
De Las-Cases	M.-et-Loire.	contre	contre	pour	congé	congé	contre	contre	congé	congé
Lasnonier	Deux-Sèvres.	contre	contre	pour	absent	absent	contre	contre	contre	pour
De La Tour	Côt. du-Nord	contre	contre	pour	contre	contre	contre	contre	contre	congé
Latour-du-Moulin	Doubs.	absent	absent	contre	contre	pour	contre	pour	absent	pour
Laugier de Chartrouse	B.-du-Rhône	contre	contre	congé	contre	absent	contre	contre	contre	pour
Le Breton	Eure-et Loir.	absent	contre	contre	absent	pour	contre	pour	absent	pour
Leclerc d'Osmonville.	Mayenne.	pour	contre	contre	contre	absent	contre	pour	contre	pour
Le Comte	Yonne.	contre	contre	pour	contre	contre	contre	contre	contre	pour
Lédier	Seine-Infér.	absent	contre	pour	contre	contre	contre	contre	contre	pour
Léfébure	Haut-Rhin.	absent	contre	pour	contre	pour	absent	pour	contre	pour
Le Hon	Ain.	contre	contre	pour	contre	contre	contre	contre	congé	congé
Le Mélorel	Morbihan.	contre	contre	pour	contre	contre	contre	contre	contre	pour
Le Peletier d'Aunay.	Nièvre.	congé	absent	pour	contre	contre	contre	contre	contre	absent
Leret d'Aubigny	Sarthe.	contre	contre	pour	contre	contre	contre	contre	contre	pour
A. Leroux	Vendée.	contre	contre	pour	absent	contre	contre	contre	absent	pour
Ch. Leroux	Deux-Sèvres.	contre	contre	pour	contre	contre	contre	contre	contre	pour
Lescuyer d'Attainville	Var.	contre	contre	pour	contre	contre	contre	contre	contre	pour
De Lespérut	Haute-Marne	contre	absent	contre	pour	pour	contre	pour	contre	pour
Liégeard (élu en 1867)	Moselle.	—	—	pour	—	—	—	—	contre	pour
Louvet	M.-et-Loire.	contre	contre	contre	contre	absent	contre	contre	contre	pour
Lubonis	Alpes-Marit.	absent	contre	pour	contre	contre	contre	pour	congé	congé
De Luzy-Pellissac	Drôme.	contre	pour	pour	contre	pour	contre	contre	contre	pour
De Mackau (1866)	Orne.	—	absent	pour	—	—	—	—	contre	pour
Magnin	Côte-d'Or.	pour	pour	contre	pour	pour	pour	pour	pour	contre
Malézieux	Aisne.	pour	pour	contre	pour	pour	pour	pour	pour	pour
Mame	Ind.-et-Loire	contre	contre	poqr	contre	contre	contre	contre	contre	pour
Marey-Monge	Côte-d'Or.	contre	absent	pour	pour	contre	contre	contre	congé	congé
Marie	B.-du-Rhône.	pour	pour	contre	pour	pour	pour	pour	pour	contre
De Marmier	Haute-Saône.	congé	pour	contre	pour	pour	pour	pour	pour	contre
Martel	Pas-de-Calais	pour	contre	contre	pour	pour	contre	pour	contre	pour
Masséna	Alpes-Marit.	pour	contre	congé	contre	contre	contre	contre	congé	congé
Mathieu	Corrèze.	contre	contre	pour	contre	contre	contre	contre	contre	pour
Mège	Puy-de-Dôme	pour	contre	pour	absent	contre	contre	contre	contre	pour
Mercier	Mayenne.	contre	contre	pour	contre	contre	contre	contre	contre	pour
Meslin	Manche	contre	contre	pour	contre	contre	contre	contre	contre	pour
Millet	Vaucluse.	contre	contre	pour	contre	contre	contre	contre	contre	pour
Millon	Meuse.	contre	contre	pour	contre	contre	contre	contre	contre	pour
De Montagnac	Ardennes.	congé	contre	pour	contre	contre	contre	contre	contre	pour
De Montjoyeux	Nièvre.	contre	contre	pour	contre	contre	contre	contre	contre	pour
Morin	Drôme.	congé	pour	contre	absent	absent	contre	contre	contre	pour
De Morny	Puy-de-Dôme	contre	—	—	contre	contre	—	—	—	—
Murat	Lot.	contre	absent	pour	contre	contre	contre	contre	contre	pour
De Nesle	Cher.	contre	contre	pour	contre	contre	contre	contre	contre	pour
Nogent-St-Laurens	Loiret.	contre	contre	pour	absent	absent	contre	contre	contre	pour
Noualhier	Hte-Vienne.	contre	congé	pour	congé	congé	contre	contre	contre	pour
Noubel	Lot-et-Gar.	contre	contre	pour	contre	contre	contre	contre	contre	pour

NOMS.	DÉPARTEMENTS.	1re Quest.	2e Quest.	3e Quest.	4e Quest.	5e Quest.	6e Quest.	7e Quest.	8e Quest.	9e Quest.
E. Ollivier..........	Seine.	pour	absent	contre	pour	pour	absent	pour	absent	absent
Pagézy...........	Hérault.	absent	contre	congé	contre	contre	contre	congé	contre	pour
Pamard	Vaucluse.	contre	contre	pour	contre	contre	contre	contre	contre	pour
De Parieu..........	Cantal.	pour	contre	pour	absent	absent	contre	absent	contre	pour
Paulmier (1865).....	Calvados.	—	contre	pour	—	—	contre	contre	contre	pour
Pelletan...........	Seine.	pour	pour	contre	pour	pour	pour	congé	pour	contre
E. Péreire..........	Gironde.	contre	contre	pour	absent	contre	contre	contre	contre	pour
Eug. Péreire........	Tarn.	contre	contre	pour	absent	contre	contre	contre	absent	pour
Isaac Péreire.......	Pyr.-Orient.	contre	contre	pour	absent	contre	contre	contre	contre	pour
Perras.............	Rhône.	congé	contre	pour	congé	congé	contre	contre	contre	pour
Perrier (élu en 1866).	Marne.	—	—	pour	—	—	—	—	contre	pour
Petit..............	Eure.	contre	contre	pour	contre	contre	contre	contre	contre	pour
Peyrusse (1865).....	Aude.	—	contre	pour	—	—	contre	contre	contre	pour
E. Picard..........	Seine.	pour	pour	contre	pour	pour	pour	pour	pour	contre
Piccionni..........	Hte-Garonne	contre	pour	pour	contre	contre	contre	contre	contre	pour
Piéron-Leroy........	Pas-de-Calais	pour	pour	contre	pour	pour	contre	pour	pour	pour
De Pierres..........	Mayenne.	contre	contre	pour	contre	contre	contre	contre	contre	pour
Piette (élu en 1867)..	Aisne.	—	—	pour	—	—	—	—	contre	pour
Pinart.............	Pas-de-Calais	pour	contre	pour	contre	contre	contre	contre	contre	pour
De Piré.............	Ille-et-Vil.	congé	contre	pour	congé	congé	contre	contre	congé	congé
Pissard............	Hte-Savoie.	contre	contre	pour	contre	contre	contre	contre	contre	pour
Planat.............	Charente.	pour	absent	contre	absent	pour	absent	contre	pour	pour
B. de Plancy........	Aube.	contre	contre	pour	contre	pour	contre	pour	contre	pour
Vte de Plancy.......	Oise.	contre	contre	pour	contre	contre	contre	contre	contre	pour
Plichon............	Nord.	pour	absent	contre	pour	pour	congé	pour	absent	pour
De la Poëze.........	Vendée.	contre	contre	pour	contre	contre	contre	contre	contre	pour
Pouyer-Quertier.....	Seine-Infér.	pour	contre	pour	contre	absent	pour	contre	contre	pour
Quesné.............	Seine-Infér.	contre	contre	pour	contre	contre	contre	contre	contre	pour
De Quinemont......	Ind.-et-Loire	contre	contre	pour	contre	contre	contre	contre	contre	pour
De Rambourgt......	Aube.	contre	contre	contre	pour	pour	absent	pour	contre	pour
Réguis.............	Basses-Alpes	contre	contre	contre	contre	contre	absent	pour	conge	congé
Reille	Eure-et-Loire	contre	contre	pour	contre	contre	contre	contre	contre	congé
De Reinach.........	Haut-Rhin.	contre	contre	pour	contre	contre	contre	contre	contre	pour
M. Richard.........	Seine-et-Oise	pour	contre	contre	contre	pour	absent	pour	congé	congé
De Richemont.......	Lot-et-Gar.	contre	absent	pour	pour	contre	contre	pour	contre	pour
Riondel (1867).......	Isère.	—	—	contre	—	—	—	—	pour	pour
De Rochemure......	Ardèche.	contre	contre	pour	contre	contre	contre	contre	contre	pour
Rolle..............	Côte-d'Or.	contre	contre	pour	contre	pour	contre	contre	absent	pour
De Romeuf	Haute-Loire.	contre	contre	pour	contre	contre	contre	contre	contre	pour
Roques-Salvaza.....	Aude.	contre	contre	pour	contre	contre	contre	contre	contre	pour
Roulleaux-Dugage...	Hérault.	contre	contre	pour	contre	contre	contre	contre	contre	pour
Roy de Loulay......	Charente-Inf.	contre	contre	pour	contre	pour	contre	contre	contre	pour
Royer..............	Isère.	contre	contre	pour	contre	contre	contre	contre	contre	pour
De Sainte-Hermine..	Vendée.	contre	contre	pour	contre	contre	contre	contre	contre	congé
De Saint-Germain...	Manche.	contre	contre	pour	contre	absent	contre	contre	congé	pour
De Saint-Paul.......	Hte-Vienne.	contre	contre	absent	contre	contre	contre	contre	absent	pour
Schneider..........	S.-et-Loire.	contre	contre	absent	contre	contre	contre	contre	absent	absent
Segris.............	M.-et-Loire.	contre	contre	pour	contre	pour	contre	contre	contre	pour
Senéca	Somme.	contre	contre	pour	contre	contre	contre	contre	contre	pour
Sens (élu en 1867)..	Pas-de-Calais	—	—	congé	—	—	—	—	contre	pour
Seydoux............	Nord.	contre	contre	pour	contre	contre	contre	contre	congé	congé
Sibuet.............	Ardennes.	congé	contre	pour	congé	congé	contre	contre	contre	pour
Joseph Simon.......	Loire-Infér.	contre	contre	pour	contre	contre	contre	contre	contre	congé
Jules Simon........	Seine.	pour	pour	contre	pour	pour	pour	absent	pour	contre
De Soubeyran.......	Vienne.	absent	contre	pour	contre	absent	contre	contre	contre	pour
Stiév.-Béthune (1864)	Nord.	—	contre	congé	—	—	contre	pour	contre	pour
Taillefer...........	Dordogne.	contre	contre	congé	absent	contre	absent	absent	contre	pour
Talabot...........	Gard.	contre	contre	pour	contre	contre	contre	contre	congé	conge

NOMS.	DÉPARTEMENTS.	1re Quest.	2e Quest.	3e Quest.	4e Quest.	5e Quest.	6e Quest.	7e Quest.	8e Quest.	9e Quest.
De Talhouët........	Sarthe.	contre	contre	pour	pour	pour	contre	pour	contre	pour
De Tarente..........	Loiret.	contre	absent	pour	contre	contre	contre	contre	contre	pour
Terme..............	Rhône.	contre	contre	pour	contre	absent	contre	contre	absent	pour
Thiers..............	Seine.	pour	pour	contre	pour	absent	absent	pour	absent	absent
Th. de la Turmelière	Loire-Infér.	contre	contre	congé	contre	contre	contre	contre	contre	congé
De Tillancourt (1866)	Aisne.	—	pour	contre	—	—	absent	pour	contre	pour
De Torcy............	Orne.	pour	congé	pour	contre	pour	congé	pour	contre	pour
De la Tourette......	Ardèche.	—	contre	pour	—	—	contre	contre	contre	pour
Travot..............	Gironde.	contre	contre	pour	contre	pour	contre	contre	contre	pour
Vast-Vimeux........	Charente-Inf.	contre	contre	pour	contre	contre	contre	contre	contre	pour
De Veauce..........	Allier.	contre	contre	pour	contre	pour	contre	contre	contre	pour
Welles de la Valette.	Dordogne.	contre	contre	pour	contre	contre	contre	contre	contre	pour
Werlé..............	Marne.	contre	contre	pour	absent	contre	contre	contre	contre	pour
West...............	Haut Rhin.	contre	contre	pour	contre	contre	congé	contre	contre	pour

10628. — IMPRIMERIE GÉNÉRALE DE CH. LAHURE
Rue de Fleurus, 9, à Paris

www.ingramcontent.com/pod-product-compliance
Ingram Content Group UK Ltd.
Pitfield, Milton Keynes, MK11 3LW, UK
UKHW031947260826
14628UKWH00004B/1904

9 782011 780676